NOTICE BIOGRAPHIQUE

SUR

M. GUILBERT-ESTEVEZ

PARIS

IMPRIMERIE CENTRALE DES CHEMINS DE FER

A. CHAIX ET Cⁱᵉ.

RUE BERGÈRE, 20, PRÈS DU BOULEVARD MONTMARTRE.

1867

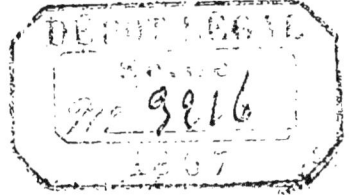

NOTICE BIOGRAPHIQUE

SUR

M. GUILBERT-ESTEVEZ

PARIS

IMPRIMERIE CENTRALE DES CHEMINS DE FER

A. CHAIX ET Cie,

RUE BERGÈRE, 20, PRÈS DU BOULEVARD MONTMARTRE

1867

NOTICE BIOGRAPHIQUE

SUR

M. GUILBERT-ESTEVEZ

Au moment où la munificence publique élève un monument à la mémoire de M. Guilbert-Estevez pour perpétuer le souvenir de ses nombreux services et de ses vertus civiques, il nous a paru utile de retracer par la plume la vie de l'homme de bien qui consacra tous ses instants à la défense des intérêts de ses concitoyens et à la prospérité du pays. C'est ce patriotique devoir que nous venons remplir pour compléter l'œuvre de notre généreuse et intelligente population; car il ne suffit pas que nousléguions à nos descendants les traits de celui dont la mort encore récente fut un deuil public, il faut encore que nous les disposions à entourer cette image de vénération et de gratitude, en gravant dans leurs cœurs le souvenir de ses bienfaits et de son dévouement paternel.

M. Augustin Guilbert naquit à la Bassée, le 22 octobre 1795, et fit ses études au lycée de Lille. A l'âge de vingt-deux ans, c'est-à-dire en 1817, il fut reçu avocat près la cour royale de Douai, où il se fit bientôt remarquer par son précoce talent. Aussitôt après la révolution de Juillet, il fut nommé commandant de la garde nationale d'Orchies, et rendit dans ce poste d'importants services à la cause de l'ordre. En 1832, il fut élu membre du conseil d'arrondissement pour le canton d'Orchies.

Alors un terrible fléau, le choléra vint pour la première fois terrifier nos populations. M. Guilbert fut nommé président de la commission sanitaire et directeur du service intérieur de l'hôpital, où l'épidémie exerçait les plus effroyables ravages. Dans ces douloureuses circonstances, qui avaient ébranlé les plus mâles courages, M. Guilbert, resté seul à la tête du service de surveillance, ne

faillit pas un moment à ses dangereux devoirs : il organisa les secours, pourvut à tous
les besoins, abandonna son traitement de
juge de paix au profit des pauvres malades
qu'il visitait, qu'il encourageait, qu'il conso-
lait : pendant quatre mois consécutifs, tant
que sévit la contagion, il resta sur la brèche.

Informé de ce rare exemple d'intrépide
abnégation, M. Germeau, sous-préfet de
Douai, félicitait en ces termes, à la date du
25 juillet 1832, notre généreux concitoyen :

« Je ne sais, en vérité, comment reconnaître
» votre dévouement à la chose publique...
» Ménagez-vous, de grâce! et n'allez pas
» trop voir les malades. Que deviendrions-
» si vous nous faisiez faute en ce moment! »

Nous n'ajouterons rien à cet honorable
témoignage qui, à travers trente-cinq ans de
distance, nous pénètre encore d'un profond
sentiment de reconnaissance et d'admiration
pour celui qui avait su s'en rendre digne.
C'est au milieu de ces terribles épreuves de
la vie que les grandes âmes se révèlent dans
l'exercice des fonctions publiques, alors
qu'elles n'offrent plus à l'ambition humaine

que le suprème honneur du péril et sacrifice !

L'année suivante, en 1833, M. Guilbert
rendit à la ville d'Orchies, dans un autre
ordre de faits, un nouveau service d'une
très - grande importance. Depuis quelque
temps, la perception de l'octroi était entravée.
La commune, privée de ses ressources natu-
relles, ne pouvait plus suffire aux nécessités
du service municipal, et les résistances étaient
telles, qu'on pouvait redouter un conflit dé-
plorable entre la population et l'autorité.
Grâce à l'esprit de conciliation de M. Guilbert et à son puissant ascendant moral, le
malentendu cessa, tous les obstacles furent
aplanis, et l'administration de l'octroi put
fonctionner régulièrement, sans le secours
de moyens coercitifs.

En apprenant ce résultat inespéré, M. le
baron Méchin, préfet du Nord, s'empressa
de féliciter M. Guilbert par la lettre suivante :

« Lille, 3 janvier 1833.

» Monsieur,

» M. le sous-préfet de Douai vient de
» m'informer que les obstacles qui avaient,
» pendant quelque temps, entravé la per-
» ception de l'octroi d'Orchies ont enfin
» cessé, et que cette heureuse issue d'une
» affaire qui pouvait devenir grave est due,
» en grande partie, à votre sage et active
» intervention.

» Je me félicite vivement, Monsieur, d'a-
» voir acquis cette nouvelle preuve de votre
» dévouement à l'ordre actuel des choses, de
» votre esprit conciliateur et de votre désir
» de maintenir la paix et la bonne har-
» monie, en faisant respecter les lois. L'ad-
» ministration vous doit des remerciements
» pour le concours que vous lui avez prêté
» dans cette circonstance, et je suis heureux
» de lui servir d'organe pour vous adresser
» les éloges que votre conduite a mérités.
» Agréez, etc.

» *Signé* : BARON MÉCHIN. »

En présence d'un pareil certificat de civisme émané de la première autorité du département, tout commentaire serait superflu.

Au mois d'août de 1833, M. Guilbert reçut la croix de la Légion d'honneur, en récompense des éclatants services qu'il avait déjà rendus au pays dès le début de sa carrière. Quelques mois plus tard, il fut nommé membre du Conseil d'arrondissement de Douai, et c'est à son initiative que cette ville fut redevable de sa caisse d'épargne, dont la fondation produisit les plus salutaires effets, au double point de vue du bien-être et de la moralisation de la classe ouvrière. Pendant les dix années suivantes, il eut cent fois l'occasion de faire remarquer son esprit lucide, ses lumières pratiques et son profond savoir, dans le sein des diverses commissions administratives, industrielles ou scientifiques dont il fit tour à tour partie.

En 1844, M. Guilbert fut nommé conseiller de préfecture, et il présida deux fois, en cette qualité, le conseil de révision. Ici nous touchons à la période la plus mémorable de

sa vie. La mort de M. Martin (du Nord),
qui surprit si cruellement ses amis, au com-
mencement de 1847, laissa un siége vacant
à la Chambre des députés. Sous l'impression
de cette douloureuse nouvelle, les Électeurs
désignèrent, d'une voix unanime, M. Guilbert,
pour remplacer au Parlement l'homme éminent qui s'était illustré au service de la monarchie de Juillet, dans les luttes de la tri-
bune et dans les conseils du roi. Malgré lui,
M. Guilbert dut accepter une candidature,
si spontanément offerte par acclamation. Au
jour du scrutin, l'élection eut lieu à l'una-
nimité.

Après le dépouillement des votes, le bu-
reau électoral, présidé par M. Leroy, de
Béthune, se transporta à l'hôtel de M. Guilbert pour lui adresser ses félicitations au nom
du collége tout entier. Le nouveau député,
vivement touché de cette manifestation, répondit en ces termes à l'allocution de
M. Leroy :

« Messieurs les électeurs, l'émotion qui
» domine mes idées me permet difficile-

2

» ment de vous exprimer la profonde recon-
» naissance que m'inspire le témoignage
» d'estime et de confiance que vous me
» donnez aujourd'hui. La perte irréparable
» que nous avons faite en la personne de
» M. Martin (du Nord), notre ancien député,
» laissera toujours pour nous de vifs regrets.
» Je sens toute mon insuffisance pour le
» remplacer, et je ne puis vous offrir qu'un
» dévouement égal au sien, pour servir et
» défendre les intérêts du pays. Je n'avais
» point à faire, à l'avance, de profession de
» foi ; ma ligne politique est depuis long-
» temps connue de mes amis. J'appartiens
» de cœur et de conviction à la cause libé-
» rale, aux grands principes de 89. C'est là,
» je le crois, qu'est l'avenir de gloire, de
» force, de prospérité pour la France. Pour-
» tant, il est vrai, je suis modéré ; mais ce
» n'est point par tiédeur pour les principes,
» c'est parce que j'ai la persuasion intime,
» la foi complète que l'application irréflé-
» chie, en pratique, des théories exagérées,
» l'entraînement désordonné des passions
» populaires, au lieu d'affermir les libertés

» publiques et de les étendre, sont pour
» elles une cause d'affaiblissement et de
» ruine; la réaction par lassitude des excès
» amène le despotisme, ainsi que l'expé-
» rience l'a démontré en d'autres temps.
» Quant à moi, ce que je désire, c'est le
» progrès par l'ordre et avec l'appui des
» classes moyennes : plus haut et plus bas,
» je ne vois que de dangereux écueils.

» Représentant d'un arrondissement essen-
» tiellement agricole, je partage l'opinion
» de notre honorable président et pense,
» comme lui, qu'il faut surtout travailler à
» diminuer les charges qui pèsent sur nous.
» Nos principaux efforts tendront au bien-
» être et à la prospérité de l'agriculture ;
» heureux si je puis justifier convenablement
» votre choix. »

Quel noble et patriotique langage ! quelle
sagesse de vues ! quel profond accent d'hon-
nêteté et de conviction ! A vingt ans de date,
l'affirmation de ces saines doctrines est encore empreinte d'un palpitant intérêt d'ac-
tualité. Telle est la force de la vérité, qu'elle

s'impose d'elle-même, par son irrésistible puissance, à toutes les époques, à tous les systèmes de gouvernement.

L'aévnement de M. Guilbert à la Chambre des députés fut salué à Orchies par les manifestations publiques les plus joyeuses.

La révolution de Février surprit le digne successeur de M. Martin (du Nord) dans le plein exercice de ses fonctions législatives, au service desquelles il avait déployé toutes les ressources de ses aptitudes et toute l'énergie de sa foi politique.

De même que M. Guilbert était entré, à l'insu de sa volonté, dans la vie publique, sans calcul d'ambition, de même il en sortit sans regret, n'emportant dans son âme que la douleur d'avoir vu sombrer sur l'écueil des passions ennemies, la monarchie constitutionnelle, qui avait toutes ses sympathies et qu'il n'avait cessé de servir, depuis son origine, avec le plus généreux désintéressement.

Rentré dans la douce obscurité de la vie privée, il n'aspirait plus qu'au repos, lorsqu'au mois de septembre 1848, les électeurs

du canton d'Orchies le portèrent spontanément candidat au Conseil général. Trop profondément dévoué aux intérêts de la chose
publique pour décliner cet honneur, **M.** Guilbert sacrifia encore ses goûts modestes aux
devoirs du patriotisme et répondit par le
manifeste suivant aux vœux de ses concitoyens :

« Messieurs les Electeurs, sorti des affaires
» publiques par suite de la catastrophe de
» Février, j'avais l'intention de rester en de-
» hors de toutes fonctions ; je cède aujour-
» d'hui aux observations de mes amis, et
» j'accepte la candidature au Conseil géné-
» ral ; mais je ne veux pas de malentendu :
» c'est à titre de service à rendre au canton
» que l'on invoque mon concours ; soit ! j'y
» consens, sous condition de ne dissimu-
» ler en rien mes idées pour obtenir des
» suffrages. Je ne suis pas républicain de
» la veille ; et d'après le début, je le ne suis
» pas encore du lendemain. J'étais conser-
» vateur, je le suis toujours. Tel il faut me
» prendre ou me laisser. Cependant, et mal-

» gré ma conviction que le système représen-
» tatif constitutionnel offrait, mieux que tout
» autre les garanties de liberté, de paix et
» de prospérité pour le pays, je comprends
» qu'il faut suivre les événements et se ré-
» signer aux faits accomplis. Je désire donc,
« et je n'y ferai rien de contraire, que la
» république s'établisse régulièrement, hon-
» nête et modérée, par ses hommes et par
» ses actes. Si alors elle peut donner l'ordre
» et la liberté, si elle consacre le respect
» de la famille et de la propriété, le devoir
» des bons citoyens sera de s'y rallier loya-
» lement, sans arrière-pensée ni idées de
» retour aux anciennes formes de gouver-
» nement. Voilà mes sentiments! s'ils vous
» conviennent et que vous persistiez à me
» juger utile à la défense de vos intérêts, je
» me mets à votre disposition. »

Comme corollaire de cette loyale et cou-
rageuse profession de foi publiée au milieu
de l'agitation ardente des partis et de l'effer-
vescence populaire, il faut citer la note par
laquelle l'*Association électorale de 1848* recom-

mandait l'élection de M. Guilbert au suffrage universel :

« Guilbert-Estevez, ancien député, homme
» d'une capacité incontestable, résume en
» lui les conditions les plus essentielles d'un
» représentant. Ses idées sont larges et gé-
» néreuses, la vigueur de son caractère,
» l'activité de son zèle, ne feront jamais dé-
» faut au pays. Dans quelque situation que
» se trouve, par la suite, M. Guilbert-Este-
» vez, on peut tenir pour certain qu'il ré-
» pondra à la confiance de ses mandataires. »

Cette confiance, en effet, il ne l'a jamais trahie; dans toutes les positions où il fut successivement appelé par les suffrages de ses concitoyens, il sut constamment s'acqué-rir de nouveaux droits à leur sympathie et à leur reconnaissance.

Plus tard, M. Guilbert fut nommé maire de la ville d'Orchies, et il exerça ces fonctions pendant douze ans, du **24 juin 1852** au **1ᵉʳ juillet 1864**, avec une distinction sans égale et un admirable dévouement.

Pendant cette longue période, il améliora successivement tous les services de son administration et porta le progrès partout. Lorsque, sur les vives instances de l'autorité supérieure, il consentit à accepter la première nagistrature municipale, en remplacement de M. Gruyette-Mallet, il trouva la ville dépourvue de toutes ressources financières, et dès lors dans l'impossibilité absolue de pouvoir réaliser les travaux réclamés pour le bien-être de la population et l'embellissement de la cité. Le premier octroi qui avait subsisté de 1825 à 1834 avait fait sentir l'importance des services que la commune retirait de cet impôt. Tous les efforts de M. Guilbert portèrent donc sur la création d'un nouvel octroi, qui, après les plus actives démarches et de fréquents voyages à Paris, fut accordé par le Conseil d'État, en 1855, pour être mis en vigueur à partir du 1er janvier 1856. Cette institution dote la ville d'Orchies d'un revenu annuel de 11,000 francs, qui permet de donner satisfaction aux légitimes besoins de la population.

Dès le 18 novembre 1853, un échange

avait été fait entre la ville et les hospices
pour le transport de cet établissement dans
les anciennes casernes, bâtiments beaucoup
plus vastes, où les différents services de
l'hospice-hôpital, trop à l'étroit dans le local
du vieux collège, devaient trouver toutes les
commodités désirables. Par suite de cette
transaction, l'ancien collège devait être affec-
té à l'école communale. Les travaux d'appro-
priation commencèrent aussitôt et furent ter-
minés en 1855.

Le 1er janvier 1856, les sœurs de l'Enfant
Jésus, les vieillards, les malades et les
orphelines furent installés dans le nouvel
hospice. Ces pauvres filles dont l'établissement et la pieuse fondation remontent à 1688,
eurent un quartier séparé, doté d'une cha-
pelle, placée sous le vocable de Notre-Dame-
de-Grâce d'Orchies.

La salle d'asile pour les enfants pauvres,
fondée en 1847, par les soins de M. Guilbert,
alors député, reçut un nouvel accroissement,
et l'installation des Dames patronnesses de
cette œuvre éminemment populaire eut lieu
le 20 mars 1856. Deux années plus tard,

2

M. Guilbert établit, de concert avec le Conseil municipal et la commission des établissements de charité, une école communale de filles indigentes.

Dans le courant de la même année, on entreprit des travaux depuis longtemps sollicités par les besoins de l'agriculture, le pavage des chemins vicinaux, dont le délabrement rendait fort difficiles et très-onéreux le transport des denrées et la circulation du charroi. Le beffroi fut aussi complétement restauré et pourvu d'un escalier pour le mettre en communication avec la grand-chambre, où se tenaient jadis les assemblées des échevins. D'autres travaux d'utilité et d'embellissement, qu'il serait fastidieux d'énumérer en détail, furent exécutés, soit avec les ressources ordinaires du budget, soit avec le produit de la vente des terrains connus sous le nom de «jardins des archers» que depuis 1757 la ville avait affermés par un bail emphytéotique de 99 ans.

Le 1er janvier 1859, une caisse d'épargne, succursale de celle de Douai, fut établie à

Orchies, particulièrement pour les ouvriers laborieux et économes.

Un progrès d'une indispensable nécessité restait encore à accomplir, celui de l'éclairage au gaz. Ce bienfait fut réalisé en 1862, par suite d'un traité intervenu entre la ville d'Orchies, réprésentée par M. Guilbert, et une société établie à Douai.

Enfin, au mois de mai 1864, M. Guilbert annonçait au Conseil municipal que les démarches actives auxquelles il s'était livré depuis longtemps pour former une Société ayant pour objet la construction du chemin de fer de Lille à Valenciennes, par Orchies, venaient d'obtenir un plein succès. Cette heureuse nouvelle, d'un intérêt vital pour la contrée, excita un véritable frémissement d'enthousiasme dans les cantons d'Orchies, Cysoing et Saint-Amand.

Au moment même où M. Guilbert dotait l'agriculture et l'industrie locales de l'inappréciable bienfait d'un chemin de fer qui doit décupler leurs forces productives et imprimer une prodigieuse expansion à la richesse publique, sa candidature, pour le renouvellement du Conseil général, échouait devant le scrutin!

Ce n'était pas la première fois que le suffrage universel donnait à la conscience publique un pareil défaut de mémoire et de cœur! Mais gardons-nous de le rendre responsable de cette monstrueuse ingratitude; car toute notre population sait que l'échec de M. Guilbert doit être attribué à l'intervention officielle, qui jugea à propos d'accorder son tout puissant patronage à un candidat étranger à l'arrondissement.

Ici, laissons M. Guilbert exposer cet épisode, dans la mémorable circulaire qu'il adressa aux électeurs le 15 juin 1864 :

« Je n'ai pas à faire de profession de foi;
» vous me connaissez depuis longtemps; je
» serai ce que j'ai toujours été, prêt à rendre
» service dans la mesure de mes forces et
» tout dévoué aux intérêts du canton. Je
» dois seulement vous expliquer pourquoi,
» après avoir résolu de profiter de l'expira-
» tion de mon mandat pour me retirer, j'ai
» dû céder aux instances les plus vives de

» presque tous les maires, mes collègues, et
» de l'honorable sénateur M. Mimerel, pré-
» sident du Conseil général, pour reprendre
» la candidature. C'est que je voulais que le
» canton fût libre de choisir parmi les siens
» le successeur ayant mission de le repré-
» senter au sein de notre assemblée dépar-
» tementale. Mais, sur ce point, je me suis
» trouvé en désaccord complet avec M. le
» préfet, qui veut nous imposer un de ses
» amis, très-honorable, je le reconnais tout
» le premier, mais habitant un autre arron-
» dissement, dont les intérêts ne sont pas les
» nôtres.

» Malgré la haute estime et l'attachement
» que j'ai pour M. le préfet, et les sentiments
» très-bienveillants que ce magistrat veut
» bien encore me témoigner en me donnant
» avis, par sa lettre du 4 de ce mois, du
» patronage qu'il accorde à mon concurrent,
» je n'ai pas voulu lui sacrifier ce que je
» crois être mon devoir et l'intérêt du can-
» ton. »

» Quant aux calomnies, aux mensonges et
» aux mauvais moyens de tout genre mis

» en œuvre par des meneurs de bas étage,
» je n'y réponds que par le mépris, et en
» même temps, je respecte trop les électeurs
» pour vouloir acheter les suffrages par des
» distributions de bière ou par des cadeaux.

 » Je m'adresse aux honnêtes gens, aux
» ouvriers laborieux, et je ne réclame pas
» les suffrages des autres. Les électeurs sont
» libres, et personne, l'administration supé-
» rieure pas plus que qui que ce soit, n'a
» le droit d'ordonner de voter pour son can-
» didat. »

Dans de pareilles conditions, l'issue de la
lutte ne pouvait pas être douteuse. M. Guilbert fut sacrifié, malgré l'immensité des titres
qui le recommandaient aux sympathies populaires. Mais sa défaite se transforma en
triomphe, par suite des manifestations flat-
teuses dont il fut l'objet. La plus importante
de toutes fut celle qui sé produisit au sein
même du Conseil général, désormais privé
du secours de ses lumières. M. le sénateur
Mimerel, président de cette assemblée, for-
mula ainsi les regrets dont il s'empressa de

se faire l'organe, dès l'ouverture de la session (séance du 23 août 1864) :

« Le suffrage universel, dont la sagesse a
» si heureusement confié à l'Empereur les
» destinées de la France, avait cette année
» à réélire le tiers de notre assemblée et à
» prononcer souverainement sur la situation
» de vingt de nos collègues. Sur ce nombre,
» dix-sept nous ont été rendus, trois ont été
» remplacés.

» Nous accueillons avec confiance les nou-
» veaux collègues qui nous arrivent. Élus
» qu'ils ont été par leurs concitoyens, nous
» n'avons aucun doute sur l'utile coopération
» qu'ils nous apportent, et nous sommes
» convaincus que leurs efforts nous rendront
» moins pénible notre séparation d'avec nos
» anciens collègues. Car nous ne sommes
» pas, nous ne voulons pas paraître indif-
» férents de leur perte. Pendant les longues
» années qu'ils ont passées au milieu de
» nous, jamais leur zèle ne s'est ralenti, ja-
» mais leur aptitude n'a été en défaut; l'un,
» par habitudes de sa profession, avait dans

» le règlement des intérêts locaux, et pour
» en faire jaillir l'intérêt général, le désir
» de concilier et de maintenir la concorde ;
» l'autre, à son expérience consommée des
» affaires industrielles et commerciales, joi-
» gnait la passion de la bienfaisance et l'a-
» mour de l'humanité souffrante, et le troi-
» sième (M. Guilbert) était le code vivant
» de l'administration départementale et com-
» munale ; leur concours nous était donc
» d'une grande utilité ; l'oublier serait de
» l'ingratitude, et l'ingratitude ne sera ja-
» mais notre partage.

» Et ne savons-nous pas que la reconnais-
» sance pour les services rendus est le
» meilleur, le seul moyen peut-être, de faire
» germer dans tous les cœurs l'amour du
» bien public, et n'est-ce pas la gratitude
» due à trente-quatre années d'élections
» successives qui a déterminé un de nos
» collègues, M. Guilbert, a rompu, avec la
» crainte de toute agitation, pour offrir à sa
» ville chérie et toute de prédilection le
» magnifique cadeau du chemin de fer de
» Lille à Valenciennes, qu'avec nous et de-

» puis plusieurs années ce bon collègue sol-
» licitait vainement de la Compagnie du
» Nord !

» Ainsi, quand M. Guilbert cesse de nous
» appartenir, il dote notre agriculture et
» notre industrie de nouvelles sources de
» prospérité, comme si, en terminant une
» carrière publique éminemment honorable,
» il voulait remercier ses électeurs et ses
» collègues affectionnés, en leur disant : Si
» je cesse d'être à vous, au moins vous gar-
» derez de moi un bon souvenir.

» Quel exemple à imiter ! quel sujet d'u-
» tiles réflexions !

» Que ce sentiment si doux et si fécond
» se manifeste aussi chez nous. Qu'avant de
» nous livrer à nos travaux, et pour satis-
» faire aux besoins de votre cœur, votre voix
» se joigne à la mienne pour porter à nos
» trois anciens collègues nos remerciements
» pour leur bonne, utile et cordiale coopé-
» ration, pour leur dire notre sincère atta-
» chement et leur offrir nos sympathiques
» adieux ! »

Séance tenante, le Conseil général décida que les témoignages de regrets formulés par M. le sénateur Président, touchant la non réélection de MM. Piette, Bernard et Guilbert-Estevez, seraient exprimés en son nom par M. le Président et par M. le Préfet à chacun de ces anciens membres.

Un mois auparavant, la reconnaissance publique avait pris soin, elle-même, de réparer l'erreur du suffrage universel, par une de ces démonstrations qui suffiraient à consoler de toutes les ingratitudes humaines.

Le décret de concession du chemin de fer obtenu par M. Guilbert parut enfin au *Moniteur*. Ce grand événement, qui couronnait si glorieusement sa carrière publique, fut célébré le 24 juillet par les témoignages d'une indescriptible allégresse. Toutes les rues s'étaient couvertes, comme par enchantement, de mâts vénitiens, de guirlandes de verdure, de couronnes de fleurs, d'arcs de triomphe; toutes les habitations étaient pavoisées comme aux jours des grandes fêtes nationales, et des inscriptions inspirées par la plus ingénieuse reconnaissance répétaient

sous toutes les formes laudatives, le nom de
M. Guilbert-Estevez.

Des conseillers municipaux, suivis de toute la population, se transportèrent, dès le
matin, chez M. Guilbert, et M. Victor Leper,
l'un des édiles de la cité, lui adressa les
paroles suivantes, au nom de ses collègues
et de la foule enthousiaste qui l'accompa-
gnait :

« Après avoir, depuis plus de trente années,
» rendu au canton d'Orchies et à ses habi-
» tants des services de toute espèce, dans
» les diverses fonctions que vous avez tou-
» jours remplies avec autant de dignité que
» de désintéressement, vous avez encore
» voulu, par un suprême effort, mû seule-
» ment par des sentiments d'attachement,
» doter notre cité d'une voie dont le besoin
» faisait depuis longtemps impérieusement
» sentir et qui doit assurer infailliblement,
» dans un avenir prochain, sa prospérité et
» sa richesse.

» Aujourd'hui, comme toujours, votre vo-
» lonté puissante a été satisfaite, votre

» parole a été entendue, vos idées, claire-
» ment exposées, ont été comprises, et votre
» rare intelligence a su triompher enfin de
» tous les obstacles. Merci! Monsieur, merci!
» pour tous les habitants, dont je ne suis que
» le faible écho : demeurez bien convaincu
» que nous sommes tous aussi heureux,
» aujourd'hui, de pouvoir vous exprimer nos
» sentiments de reconnaissance, que nous
» l'étions il y a quelques jours de vous
» manifester notre attachement. »

M. Guilbert répondit à cette allocution
partie du cœur :

« Messieurs, je vous remercie de votre
» visite et de l'expression de vos sentiments.
» Je suis heureux d'avoir pu clore ma car-
» rière administrative en contribuant à doter
» notre ville d'un chemin de fer : les che-
» mins de fer sont aujourd'hui le principe
» de la vie commerciale, et Orchies possè-
» dera dorénavant les éléments nécessaires
» pour devenir un centre industriel impor-
» tant.

» J'ai toujours eu à cœur l'intérêt de la
» ville. J'ai toujours profité avec plaisir des
» occasions qui se sont présentées d'être
» utile à mes concitoyens : jen ai été large-
» ment récompensé par la manifestation
» spontanée et si générale d'attachement qui
» m'a été donnée dans une récente circons-
» tance, et j'en proclame ici hautement ma
» reconnaissance.

» Les résultats immenses pour la prospé-
» rité future de la ville, de l'heureux évé-
» nement qui nous réunit tous aujourd'hui,
» dans une même pensée d'allégresse, ren-
» dent excusable la manifestation extraordi-
» naire par laquelle les habitants expriment
» leur satisfaction ; mais il faut éviter avec
» soin de rien faire de contraire au bon
» ordre et à la tranquillité publique. Soyons
» calmes dans nos plaisirs, et gardons-nous
» de donner le moindre sujet de plainte par
» offense envers qui que ce soit. N'oublions
» pas surtout que c'est à la volonté, si sou-
» vent exprimée par l'Empereur, de donner
» la plus grande extension possible aux re-
» lations commerciales pour développer

» l'industrie et alimenter les sources du
» travail, au bénéfice de la classe ouvrière,
» que nous devons le bienfait du nouveau
» chemin de fer, et remercions-le par une
» acclamation générale du cri de : Vive l'Em-
» pereur ! »

Cet appel trouva de profonds échos parmi la foule qui encombrait les jardins de M. Guilbert, et la fête se termina le soir par de brillantes illuminations. Cette journée fut probablement pour l'ancien maire d'Orchies celle qui fit éprouver à son cœur les plus douces émotions.

Malheureusement, il n'entrait pas dans les desseins impénétrables de la Providence de le laisser jouir de son œuvre : la mort vint briser le fil de sa laborieuse et bienfaisante carrière avant qu'il eût la consolation de voir fonctionner ce chemin de fer, dont l'obtension lui avait coûté tant de peines, d'études, de sacrifices, et auquel notre cité sera redevable de sa prochaine prospérité et de sa splendeur !

La mort de M. Guilbert fut, on peut le

dire, une cause de consternation générale.
Dès que la nouvelle de ce sinistre événement
se répandit dans la cité, un sentiment de
stupeur s'empara de toutes les âmes... Chacun sentait qu'il avait perdu un ami, un
protecteur, un père! Ce fut un deuil public!
Le 16 janvier 1866, jour des funérailles de
ce grand citoyen, la ville d'Orchies avait
pris un aspect lugubre, qui révélait toute
l'étendue de la douleur de sa population :
presque toutes les boutiques et les usines
restèrent fermées. Une foule immense faisait
cortége à la dépouille mortelle de l'illustre
défunt, et elle eût été plus grande encore,
si, par une douloureuse coïncidence, deux
autres inhumations de personnages notables
n'eussent eu lieu à la même heure, l'une à
Arleux, l'autre à Douai.

Les cordons du poêle étaient tenus par
M. Plichon, membre du Corps législatif;
M. Choque, ancien député; M. le baron de
Boutteville, membre du conseil général ;
M. Derbigny, conseiller de préfecture, et
MM. Sablon et Dorchies, conseillers munici-
paux. Le cercueil était entouré par les vingt-

deux membres restants de notre édilité, por-
tant tous un crêpe au bras gauche. Et puis,
à la suite de ce cortége officiel, la population presque tout entière, toutes les classes
et tous les sexes confondus, riches, pauvres,
femmes et enfants, tous recueillis, émus,
navrés, la plupart ne pouvant retenir leurs
larmes et comprimer leurs sanglots!... Jamais
on avait vu dans notre cité un pareil cortége, un pareil deuil!

A l'église, un catafalque monumental avait
été dressé au milieu de la nef; et après la
cérémonie funèbre, le convoi se dirigea vers
le cimetière. Arrivé au bord de la fosse, au
moment de l'éternelle séparation, M. le conseiller de préfecture Derbigny, prononça le
discours suivant :

« Messieurs :

» Il appartenait à d'autres voix que la
» mienne, parmi les hautes notabilités de
» notre département qui ont suivi de près
»M. Guilbert, soit dans l'exercice de ses
» fonctions de juge de paix, de conseiller

» général, de député, soit dans l'intimité de
» sa vie privée , de rappeler au pays qui
» déplore sa perte de quelle manière il a
» rempli les divers mandats qui lui ont été
» confiés et quelle était la cordiale facilité
» qu'on entretenait avec lui.

» Il ne m'est permis de parler ici que de
» ce qu'il a été comme membre du conseil
» de préfecture du Nord; et pour m'acquit-
» ter de ce pieux devoir, il me suffit de dire
» que la part trop courte qu'il a prise aux
» travaux de notre tribunal administratif a
» laissé de si excellents souvenirs que l'émi-
» nent magistrat récemment chargé par
» l'Empereur de l'administration du dépar-
» tement a exprimé le regret d'être empêché
» par de plus impérieuses obligations de
» s'associer aux témoignages de douloureuse
» sympathie qui, de tous les rangs et de
» toutes les opinions, se produisent autour
» de cette tombe.

» C'est qu'en effet, Messieurs, l'homme
» dont la laborieuse et utile existence vient
» de se terminer a apporté dans l'accomplis-
» sement de sa délicate mission de juge des

» contestations en matière de droit admi-
» nistratif, aptitude, intégrité, indépendance.
» Son meilleur titre à la respectueuse
» estime de ses concitoyens est peut-être de
» n'avoir point profité des bienveillantes
» faveurs du pouvoir auquel il a prêté son
» concours le plus actif pour entrer plus
» largement dans la carrière de l'ambition
» personnelle.

» Resté, malgré de si provocantes fasci-
» nations, simple dans ses goûts, modeste
» dans ses prétentions, il a toujours fait
» profession d'être un soldat de la cause de
» l'ordre; et, à une époque où tant d'esprits
» inquiets et tant d'âmes malsaines s'effor-
» cent, par les plus déplorables tendances et
» les plus scandaleuses manifestations, de
» renverser les bases de toute société,
» M. Guilbert a prouvé, par sa mort toute
» chrétienne, qu'il était bien un défenseur
» de l'ordre social.

» Hommage soit donc rendu par tous à sa
» mémoire! »

Après ce touchant hommage, M. Leroux

s'exprime en ces termes, au nom du conseil
municipal :

« Messieurs,

» Chargé du triste honneur d'être auprès
» de cette tombe l'interprète des adieux et
» des regrets de mes collègues, c'est le cœur
» navré et les yeux pleins de larmes, que
» je viens en tremblant m'acquitter de cette
» douloureuse et pénible tâche.

» Je n'ai pas besoin, pour justifier l'émo-
» tion profonde que j'éprouve, d'en énumérer
» ici les causes, et, me renfermant dans le
» mutisme des larmes, il me suffirait, pour
» démontrer combien elles sont légitimes,
» d'abaisser mes regards sur les chères dé-
» pouilles de celui qui fut notre modèle,
» notre ami, notre père, et d'indiquer du
» doigt l'assemblée morne et recueillie qui
» se presse autour de ce cercueil, et qui en-
» vahit en ce moment le champ des morts
» pour y apporter avec ses regrets son lé-
» gitime tribut d'amour et de reconnaissance.
» Pourquoi cette foule immense auprès de

» ce peu de terre fraîchement remuée ? Pour-
» quoi ce lugubre et solennel silence qui
» plane sur tant de têtes inclinées ? Pour-
» quoi ces serrements de cœur, ces pleurs,
» ces sanglots ? Ah! c'est que notre deuil
» aujourd'hui n'est pas un deuil particulier,
» mais un deuil public. C'est que tous, nous
» le sentons vivement et profondément, nous
» venons de faire une perte immense et à
» jamais irréparable. C'est que chacun ap-
» précie et mesure avec effroi le vide affreux
» laissé au milieu de nous par la dispari-
» tion de l'homme, que sa puissance pour
» le bien et son dévouement à toute épreuve
» avaient rendu la providence du pays. C'est
» que la grande famille des malheureux a,
» en ce funèbre jour, à déplorer la perte du
» paternel soutien dont tous les moments lui
» étaient invariablement consacrés. C'est que
» le faible vient pleurer sur cette tombe le
» solide et intelligent appui qui désormais
» va lui manquer ; c'est que la veuve, l'or-
» phelin, l'opprimé, viennent pleurer le pro-
» tecteur qu'ils n'allaient jamais implorer en
» vain ; le pauvre, la main secourable qui

» lui était toujours libéralement tendue; la
» ville tout entière enfin, l'éminent homme
» de bien qui, pendant quarante ans, l'a ha-
» bituée par ses services et son abnégation
» à ne pouvoir se passer de lui.

» Et nous, nous à qui il a été donné d'ap-
» précier de plus près encore l'excellence
» de son cœur, la hauteur de son esprit, la
» noblesse de ses sentiments, l'élévation de
» ses vues et de ses pensées, nous qui avons
» joui de l'heureux privilége de pénétrer
» plus intimement dans ses idées, d'assister
» à ses conseils, et de lire pour ainsi dire
» dans le fond de sa belle et grande âme,
» nous les humbles mais dévoués disciples
» de ses enseignements administratifs et de
» ses leçons de civisme, nous venons, dans
» notre douleur et pleins d'un religieux res-
» pect, rendre un solennel hommage à sa
» mémoire ; et, ne pouvant par nos larmes
» le rappeler à la vie, les mêler du moins à
» l'eau sainte qui vient de consacrer la de-
» meure de son repos !...

» Adieu, Guilbert, adieu ! Si nous ne te
» possédons plus parmi nous, ton souvenir

» du moins restera gravé dans nos cœurs et
» sera légué par nous à nos enfants, afin
» qu'il se perpétue d'âge en âge, et dure
» au moins autant que les impérissables mo-
» numents de ta bienfaisance. Adieu! nous
» n'oublierons pas la tâche qui nous incombe
» à l'heure où tu nous quittes pour te repo-
» ser des travaux de ta grande vie! Adieu!
» et nous nous souviendrons surtout des
» seuls regrets que tu laissas en nous quit-
» tant, regrets qui te peignent tout entier,
» qui à eux seuls suffiraient pour illustrer
» ta mémoire, et que je me fais un devoir
» de proclamer ici hautement, comme étant
» le digne couronnement de ta noble exis-
» tence, car ils résument les trois derniers
» beaux rêves, ou plutôt les trois dernières
» grandes vues de ta longue carrière civile
» et administrative : l'établissement d'un
» orphelinat de garçons qui vint compléter
» l'œuvre touchante de la charité dont no-
» tre hospice est un modèle, l'exécution de
» cette voie ferrée où son dévouement pour
» nous a été poussé jusqu'au sacrifice de son
» repos, et enfin la réorganisation d'une

» administration qui fût digne de continuer
» son œuvre et d'en recueillir tous les fruits,
» réorganisation qui déjà depuis plusieurs
» mois serait réalisée, sans l'événement aussi
» malheureux qu'imprévu qui, à cette épo-
» gue, est venu frapper l'autorité déparle-
» mentale.

» Guilbert, adieu! Adieu, notre ami, notre
» père, adieu!!! »

Enfin, M. Martin, ingénieur des ponts et
chaussées, parent et ami de M. Guilbert,
prit la parole à son tour, et prononça d'une
voix pénétrée le discours suivant, écouté,
comme les deux autres, au milieu du plus
religieux silence :

« Messieurs,

» Sous le poids d'une douleur immense,
» oserai-je essayer d'interpréter les sentiments
» de la foule qui se presse autour de cette
» tombe? Oserai-je essayer de rappeler en
» quelques mots la vie publique d'un homme
» de bien et exprimer en même temps notre
» confiance dans la miséricorde divine?

» Mais comment interpréter par des pa-
» roles les sentiments qui agitent le cœur
» de toute une population ? Votre présence,
» chers concitoyens, votre silence religieux,
» les sanglots étouffés que j'entends ne les
» peignent-ils pas mieux que ne pour-
» raient le faire des paroles, quelque élo-
» quentes qu'elles soient ? Enfants, hommes
» faits, vieillards, sa carrière fut assez longue
» pour que vous ayez éprouvé ses bienfaits;
» et tous, vous avez le cœur trop haut placé
» pour que le sentiment de l'ingratitude
» ait pu l'atteindre.

» Dans toutes les positions qu'il a occu-
» pées, maire, juge de paix, conseiller de
» préfecture, conseiller général, député, il
» s'est toujours fait remarquer par sa bonté,
» par son intelligence, par ses connaissances
» étendues : « Il était, a dit un grand di-
» gnitaire de l'Empire, le Code vivant des
» affaires administratives et commerciales.
» Mais ce qui le distinguait par-dessus tout,
» c'était le désintéressement, l'amour du
» bien public ; il s'est constamment oublié
» pour ne se préoccuper que de ses conci-

» toyens. En tout temps, en tous lieux,
» chacun pouvait l'aborder et compter sur
» son influence sur son crédit, sur ses con-
» seils. Or, Messieurs, l'influence de l'homme
» dévoué, de l'homme droit, en un mot,
» de l'homme de bien, est, a été et sera
» toujours l'influence la plus puissante ,
» même pendant les époques agitées où le
» sens moral semble avoir disparu au
» souffle des tempêtes populaires. Lorsqu'il
» était sur son lit de douleur, son nom re-
» liait encore en un faisceau unique tous
» les hommes que la passion politique, l'i-
» gnorance ou l'intérêt n'aveuglaient pas
» complétement. Sa mort fera sentir com-
» bien sa vie fut utile.

» Après le bien qu'il fit par son influence.
» je dois rappeler tous les maux qu'il pré-
» vint par ses sages conseils. Que de procès
» il a étouffés dans leur germe ! Que de
» malentendus il a fait disparaître ! Que de
» démarches inutiles, maladroites, ou inin-
» telligentes il a empêchées ! Ses ennemis
» mêmes lui rendent cette justice, que ses
» jugements étaient sûrs, ses résolutions
» précises, sa fermeté invincible.

» Arrivé au terme d'une carrière déja
» longue, sentant ses forces physiques s'af-
» faiblir, il voulut renoncer aux affaires,
» espérant trouver une vie plus douce au
» sein de la solitude ; mais l'heure de la
» retraite ne sonne jamais pour les âmes
» vigoureusement trempées; c'est dans la
» mort seule qu'elles peuvent trouver le
» repos.

» M. Guilbert avait une qualité incontes-
» table, la constance dans l'amitié. Aussi,
» dès qu'il s'aperçut que ses anciens amis
» étaient attaqués, que les intérêts de son
» pays allaient être compromis, il crut de
» son devoir de les défendre et de remonter
» sur la brèche. Car il n'était pas de ceux
» qui, pour un succès éphémère, sacrifient
» tout, amis et convictions.

» Mais à quoi bon rappeler, en présence
» d'une manifestation populaire aussi belle,
» aussi imposante, l'erreur des hommes poli-
» tiques : Les hommes politiques se laissent
» souvent tromper, le cœur du peuple ne se
» trompe jamais ; il parvient toujours tôt ou
» tard à distinguer ses amis sincères et vé-
» ritables.

» Que ta vie, Guilbert, soit pour nous d'un
» exemple ! Dieu veuille que nous soyons
» constamment dévoués les uns pour les
» autres ! Dieu veuille que la discorde s'é-
» loigne et que l'union qui, sous tes aus-
» pices, avait régné pendant trente-cinq ans
» parmi les habitants du canton, se réta-
» blisse promptement ! Au moment des
» épreuves les plus cruelles, Dieu veuille
» susciter des hommes qui, comme toi, sau-
» ront braver le danger et relever par leur
» mâle énergie le courage abattu des mori-
» bonds et des populations effrayées ! Dieu
» veuille que les projets que tu avais formés
» pour le bien du pays se réalisent bientôt
» et perpétuent ton souvenir !

» Enfin que, du sein de la paix et du re-
» pos éternel, ta belle âme guide encore
» l'esprit de tes concitoyens et leur inspire
» de nobles, de généreuses résolutions.

» Adieu, Guilbert ! adieu, ou plutôt au re-
» voir dans un monde meilleur ! »

Après avoir rendu les derniers devoirs à
son grand citoyen, la population profondément émue s'écoula dans le plus pieux re-

cueillement, en emportant dans le cœur le
souvenir de ses bienfaits et des regrets dont
le temps n'a pu affaiblir l'amertume.

Pour achever de peindre l'homme de bien
dont nous venons de retracer la noble vie,
nous ne saurions mieux faire que d'em-
prunter à l'organe qui s'était constitué son
adversaire, dans les derniers temps de sa
carrière publique, l'hommage qu'il se plut
à lui rendre dans une circonstance solen-
nelle. Voici comment s'exprimait le *Courrier
Douaisien*, opposé à M. Guilbert :

« . . . . . . Nous venons de féliciter nos amis,
» soyons justes envers notre adversaire des
» dernières années seules. Nous avons
» marché longtemps dans la voie tracée par
» M. Guilbert, nous sommes à même de
» l'apprécier. Pendant quarante ans son in-
» fluence a été dominante dans le canton ;
» mais elle avait été obtenue par des ser-
» vices réels. D'un caractère ferme et
» droit, net dans ses convictions et net dans
» sa conduite, c'était un homme sûr dans les
» relations politiques et privées.

» Il a penché depuis 1852, beaucoup plus
» du côté de l'ordre que du côté de la liberté,

» nous ne lui en faisons pas un reproche ; il
» était sincère. Conservateur inébranlable
» sous Louis-Philippe, il a pu rester tel sous
» le deuxième empire sans se contredire.
» Au moins, chez M. Guilbert, il y avait un
» point d'appui dans le passé, des convic-
» tions et du désintéressement.

» M. Guilbert était très-fidèle à ses ami-
» tiés, il les servait , et dans toute sa car-
» rière, ses prétentions ont été modestes
» pour lui-même; s'il les a quelquefois exa-
» gérées, c'était pour les autres et pour son
» canton. Il ne lui est resté de son influence
» de quarante ans que des inimitiés ardentes
» inséparables des luttes politiques, et les
» amis tièdes, fort tièdes de la dernière heure.

» Quand le temps aura fait son œuvre,
» justice entière sera rendue à M. Guilbert,
» et le canton d'Orchies lui vouera un souve-
» nir reconnaissant et mérité. »

Nous ne voulons rien ajouter à cette loyale
apologie, dont on ne saurait suspecter la sin-
cérité, sinon que le temps de la justice pré-
dit par l'honorable publiciste douaisien est

déjà arrivé; nous en trouvons la preuve
vivante dans ce monument que la reconnaissance publique vient d'élever dans notre
cité à la mémoire de M. Guilbert-Estevez,
et que nous allons inaugurer dans quelques
jours. Préparons-nous donc tous à célébrer
avec tout l'éclat de la gratitude cette touchante solennité qui doit perpétuer la mémoire de celui dont tout nous rappelle dans
cette cité la bonté inépuisable, la vigilante
sollicitude, le généreux patriotisme; et qui
fut, pendant toute sa laborieuse carrière,
notre ami, notre guide, notre soutien, notre
bienfaiteur, notre père.

En ce grand jour, groupons-nous autour
de son image vénérée; oublions nos petites
rancunes, nos mesquines divisions, nos étroi-
tes inimitiés, nos préventions fâcheuses, et
unissons nos mains, nos voix et nos cœurs
pour lui offrir, dans une même expression
de respect et d'amour, le tribut de nos pieux
souvenirs, de notre éternelle reconnaissance!

Après s'être fait l'interprète du sentiment
public, l'auteur de cette notice éprouve l'irrésistible besoin d'exprimer en son nom per-

sonnel toute la douleur que lui a fait éprouver la perte cruelle de l'homme éminent dont
il vient de rappeler les glorieux souvenirs...
Il n'oubliera jamais, et ce sera l'honneur de
sa vie, que M. Guilbert daigna le protéger
de sa tendre amitié, l'aider de son bien-
veillant appui, et c'est avec un profond atten-
tendrissement qu'il rend à la mémoire de son
bienfaiteur le faible mais sincère hommage
de sa respectueuse gratitude et de ses in-
consolables regrets !

Paris, le 18 avril 1867.

PARIS. — IMPRIMERIE CENTRALE DES CHEMINS DE FER. — A. CHAIX ET Cⁱᵉ,
RUE BERGÈRE, 20. — 4214

239

www.ingramcontent.com/pod-product-compliance
Lightning Source LLC
LaVergne TN
LVHW022033080426
835513LV00009B/1014